中华经典
诵读本
第一辑

增广贤文
名贤集 龙文鞭影

简体横排
大字注音
全本收录

谦德书院○编

团结出版社

© 团结出版社，2024 年

图书在版编目（CIP）数据

中华经典诵读本 . 第一辑 / 谦德书院编 . — 北京：
团结出版社 , 2024. 11. — ISBN 978-7-5234-1194-0

Ⅰ . K203-49

中国国家版本馆 CIP 数据核字第 20249Z01J3 号

责任编辑：王思柠

封面设计：萧宇岐

出　版：团结出版社

　　　　　（北京市东城区东皇城根南街 84 号 邮编：100006）

电　话：（010）65228880　65244790

网　址：http://www.tjpress.com

E-mail：zb65244790@vip.163.com

经　销：全国新华书店

印　装：天宇万达印刷有限公司

开　本：145mm×210mm　32 开

印　张：27　　　　　　　　字　数：350 千字

版　次：2024 年 11 月 第 1 版　印　次：2024 年 11 月 第 1 次印刷

书　号：978-7-5234-1194-0

定　价：180.00 元（全九册）

　　　　（版权所属，盗版必究）

出版说明

　　中华文明，有着五千多年的悠久历史，是世界上唯一流传至今、没有中断的文明。中华文明价值中最为重要的，就是祖先给我们留下的大量经典。这些典籍，薪火相传，一直流淌在中国人的血液中。

　　近年来，由于全社会对于弘扬中华优秀传统文化的高度重视，在大量志士仁人的努力推动下，中华传统文化逐渐迎来了复兴的春天。在此背景下，我们编辑出版了这一套《中华经典诵读本》，旨在弘扬中华优秀传统文化，延续传统，推动读经教育的普及。

　　本套读本采用简体、大字、横排、注音的形式，选择经典若干种，陆续分辑出版。采用简体横排，旨在顺应现代读者的阅读习惯。

　　大字，旨在方便儿童认识汉字，减少视觉疲劳。注音采用汉语拼音，旨在保证初学者读音准确。整套读本的经文底本和注音均参考历代注疏和诸家版本，严加校正，以求最善。

　　这套书不仅适合广大少年儿童作为读经教材，即便是成年人，读诵这些经典，也是大有益处的。古人云："旧书不厌百回读。"我们期待着，这些典籍能够家弦户诵，朗朗的读书声能传遍中华大地，让古老的中华文明，重新焕发出新的活力。

目 录

增广贤文 ·· 一

名贤集 ·· 二五

　　四言集 ·· 二七

　　五言集 ·· 三〇

　　六言集 ·· 三五

　　七言集 ·· 三六

龙文鞭影 ·· 四一

　卷之一 ··· 四三

　　一　东 ·· 四三

　　二　冬 ·· 四五

　　三　江 ·· 四六

　　四　支 ·· 四七

　　五　微 ·· 五〇

　　六　鱼 ·· 五一

　　七　虞 ·· 五二

　卷之二 ··· 五五

　　八　齐 ·· 五五

九　佳 …………………………………………… 五六

十　灰 …………………………………………… 五六

十一真 …………………………………………… 五八

十二文 …………………………………………… 五九

十三元 …………………………………………… 六〇

十四寒 …………………………………………… 六一

十五删 …………………………………………… 六三

卷之三 ………………………………………… 六五

一　先 …………………………………………… 六五

二　萧 …………………………………………… 六七

三　肴 …………………………………………… 六八

四　豪 …………………………………………… 六九

五　歌 …………………………………………… 七〇

六　麻 …………………………………………… 七二

七　阳 …………………………………………… 七三

卷之四 ………………………………………… 七七

八　庚 …………………………………………… 七七

九　青 …………………………………………… 八〇

十　蒸 …………………………………………… 八〇

十一尤 …………………………………………… 八一

十二侵 …………………………………………… 八三

十三覃 …………………………………………… 八五

十四盐 …………………………………………… 八六

十五咸 …………………………………………… 八七

zēng guǎng xián wén

增广贤文

扫一扫　听诵读

增广贤文

昔时贤文，诲汝谆谆。集韵增广，多见多闻。观今宜鉴古，无古不成今。

知己知彼，将心比心。酒逢知己饮，诗向会人吟。相识满天下，知心能几人？相逢好似初相识，到老终无怨恨心。

近水知鱼性，近山识鸟音。易涨易退山溪水，易反易复小人心。

运去金成铁，时来铁似金。

读书须用意，一字值千金。

逢人且说三分话，未可全抛一片心。有意栽花花不发，无心插柳柳成荫。画虎画皮难画骨，知人知面不知心。

钱财如粪土，仁义值千金。

流水下滩非有意，白云出岫本无心。当时若不登高望，谁信东流海样深？路遥知马力，事久知人心。

两人一般心，有钱堪买金；一人一般心，无钱堪买针。

相见易得好，久住难为人。

马行无力皆因瘦，人不风流只为贫。

饶人不是痴汉，痴汉不会饶人。

是亲不是亲，非亲却是亲。美不美，乡中水；亲不亲，故乡人。

莺花犹怕春光老，岂可教人枉度春。相逢不饮空归去，洞口桃花也笑人。红粉佳人休使老，风流浪子莫教贫。

在家不会迎宾客，出外方知少主人。黄金无假，阿魏无真。客来主不顾，应恐是痴人。贫居闹市无人问，富在深山有远亲。

谁人背后无人说，哪个人前不说人。有

钱道真语，无钱语不真。不信但看筵中酒，杯杯先劝有钱人。

闹里有钱，静处安身。来如风雨，去似微尘。

长江后浪推前浪，世上新人赶旧人。近水楼台先得月，向阳花木早逢春。

古人不见今时月，今月曾经照古人。

先到为君，后到为臣。

莫道君行早，更有早行人。

莫信直中直，须防仁不仁。山中有直树，世上无直人。

自恨枝无叶，莫怨太阳偏。大家都是命，半点不由人。

一年之计在于春，一日之计在于寅。一家之计在于和，一生之计在于勤。

责人之心责己，恕己之心恕人。守口如瓶，防意如城。宁可人负我，切莫我负人。

再三须慎意，第一莫欺心。

虎生犹可近，人熟不堪亲。来说是非者，便是是非人。

远水难救近火，远亲不如近邻。

有茶有酒多兄弟，急难何曾见一人。人情似纸张张薄，世事如棋局局新。

山中也有千年树，世上难逢百岁人。

力微休负重，言轻莫劝人。无钱休入众，遭难莫寻亲。

平生莫作皱眉事，世上应无切齿人。

士者国之宝，儒为席上珍。

若要断酒法，醒眼看醉人。

求人须求大丈夫，济人须济急时无。

渴时一滴如甘露，醉后添杯不如无。

久住令人嫌，频来亲也疏。

酒中不语真君子，财上分明大丈夫。

出家如初，成佛有余。

积金千两，不如明解经书。养子不教如养驴，养女不教如养猪。有田不耕仓廪虚，有书不读子孙愚。仓廪虚兮岁月乏，子孙愚兮礼义疏。同君一席话，胜读十年书。人不通今古，马牛如襟裾。

茫茫四海人无数，哪个男儿是大夫。

白酒酿成缘好客，黄金散尽为收书。救人一命，胜造七级浮屠。城门失火，殃及池鱼。

庭前生瑞草，好事不如无。欲求生富贵，须下死工夫。百年成之不足，一旦坏之有余。

人心似铁，官法如炉。善化不足，恶化有余。

水至清则无鱼，人至察则无徒。知者减半，省者全无。

在家由父，出嫁从夫。痴人畏妇，贤女敬夫。

是非终日有，不听自然无。宁可正而不足，不可邪而有余。宁可信其有，不可信其无。

竹篱茅舍风光好，道院僧房总不如。命里有时终须有，命里无时莫强求。

道院迎仙客，书堂隐相儒。庭栽栖凤竹，池养化龙鱼。

结交须胜己，似我不如无。但看三五日，相见不如初。

人情似水分高下，世事如云任卷舒。

会说说都是，不会说无礼。

磨刀恨不利，刀利伤人指。求财恨不多，财多害自己。知足常足，终身不辱。知止常止，终身不耻。有福伤财，无福伤己。

差之毫厘，失之千里。若登高必自卑，若涉远必自迩。三思而行，再思可矣。使口不如自走，求人不如求己。

小时是兄弟，长大各乡里。妒财莫妒食，怨生莫怨死。

人见白头嗔，我见白头喜。多少少年亡，不到白头死。

墙有缝，壁有耳。好事不出门，恶事传千里。

贼是小人，知过君子。君子固穷，小人

穷斯滥矣。贫穷自在，富贵多忧。不以我为德，反以我为仇。宁可直中取，不可曲中求。

人无远虑，必有近忧。知我者谓我心忧，不知我者谓我何求。晴天不肯去，直待雨淋头。

成事莫说，覆水难收。是非只因多开口，烦恼皆因强出头。忍得一时之气，免得百日之忧。近来学得乌龟法，得缩头时且缩头。惧法朝朝乐，欺公日日忧。

人生一世，草生一春。

黑发不知勤学早，看看又是白头翁。月过十五光明少，人到中年万事休。

儿孙自有儿孙福，莫为儿孙做马牛。人生不满百，常怀千岁忧。

今朝有酒今朝醉，明日愁来明日忧。路逢险处难回避，事到头来不自由。药能医假病，酒不解真愁。

人贫不语，水平不流。一家养女百家求，一马不行百马忧。有花方酌酒，无月不登楼。三杯通大道，一醉解千愁。深山毕竟藏猛虎，大海终须纳细流。

惜花须检点，爱月不梳头。大抵选他肌骨好，不搽红粉也风流。

受恩深处宜先退，得意浓时便可休。莫待是非来入耳，从前恩爱反成仇。留得五湖明月在，不愁无处下金钩。休别有鱼处，莫恋浅滩头。去时终须去，再三留不住。

忍一句，息一怒；饶一着，退一步。

三十不豪，四十不富，五十将近寻死

lù
路。

shēng bú rèn hún　　sǐ bú rèn shī　　fù mǔ ēn shēn zhōng yǒu
生不认魂，死不认尸。父母恩深终有

bié　　fū qī yì zhòng yě fēn lí　　rén shēng sì niǎo tóng lín sù　　dà
别，夫妻义重也分离。人生似鸟同林宿，大

xiàn lái shí gè zì fēi
限来时各自飞。

rén shàn bèi rén qī　　mǎ shàn bèi rén qí　　rén wú hèng cái bú
人善被人欺，马善被人骑。人无横财不

fù　　mǎ wú yè cǎo bù féi　　rén è rén pà tiān bú pà　　rén shàn
富，马无夜草不肥。人恶人怕天不怕，人善

rén qī tiān bù qī　　shàn è dào tóu zhōng yǒu bào　　zhǐ zhēng lái zǎo yǔ
人欺天不欺。善恶到头终有报，只争来早与

lái chí　　huáng hé shàng yǒu chéng qīng rì　　qǐ kě rén wú dé yùn shí
来迟。黄河尚有澄清日，岂可人无得运时。

dé chǒng sī rǔ　　jū ān sī wēi　　niàn niàn yǒu rú lín dí
得宠思辱，居安思危。念念有如临敌

rì　　xīn xīn cháng sì guò qiáo shí
日，心心常似过桥时。

yīng xióng xíng xiǎn dào　　fù guì sì huā zhī　　rén qíng mò dào chūn
英雄行险道，富贵似花枝。人情莫道春

guāng hǎo　　zhǐ pà qiū lái yǒu lěng shí
光好，只怕秋来有冷时。

sòng jūn qiān lǐ　　zhōng xū yì bié
送君千里，终须一别。

dàn jiāng lěng yǎn kàn páng xiè　　kàn nǐ héng xíng dào jǐ shí
但将冷眼看螃蟹，看你横行到几时！

jiàn shì mò shuō　　wèn shì bù zhī　　xián shì mò guǎn　　wú shì
见事莫说，问事不知。闲事莫管，无事

增广贤文

一二

早归。

假若染就真红色，也被旁人说是非。善事可做，恶事莫为。许人一物，千金不移。

龙生龙子，虎生虎儿。龙游浅水遭虾戏，虎落平阳被犬欺。

一举首登龙虎榜，十年身到凤凰池。十年窗下无人问，一举成名天下知。

酒债寻常行处有，人生七十古来稀！

养儿待老，积谷防饥。鸡豚狗彘之畜，无失其时，数口之家，可以无饥矣。常将有日思无日，莫把无时当有时。

时来风送滕王阁，运去雷轰荐福碑。

入门休问荣枯事，观看容颜便得知。官清书吏瘦，神灵庙祝肥。

息却雷霆之怒，罢却虎狼之威。饶人算

人之本，输人算人之机。好言难得，恶语易施。一言既出，驷马难追。

道吾好者是吾贼，道吾恶者是吾师。路逢侠客须呈剑，不是才人莫献诗。三人行，必有我师焉。择其善者而从之，其不善者而改之。

少小不努力，老大徒伤悲。

人有善愿，天必佑之。

莫饮卯时酒，昏昏醉到酉。莫骂酉时妻，一夜受孤凄。

种麻得麻，种豆得豆。天网恢恢，疏而不漏。见官莫向前，做客莫在后。宁添一斗，莫添一口。螳螂捕蝉，岂知黄雀在后。

不求金玉重重贵，但愿儿孙个个贤。

一日夫妻，百世姻缘。百世修来同船

渡，千世修来共枕眠。

杀人一万，自损三千。伤人一语，利如刀割。

枯木逢春犹再发，人无两度再少年。

未晚先投宿，鸡鸣早看天。将相胸前堪走马，公侯肚内好撑船。

富人思来年，贫人思眼前。世上若要人情好，赊去物件莫取钱。死生有命，富贵在天。

击石原有火，不击乃无烟。为学始知道，不学亦枉然。莫笑他人老，终须还到老。但能依本分，终须无烦恼。

君子爱财，取之有道。贞妇爱色，纳之以礼。

善有善报，恶有恶报。不是不报，日子

未到。

人而无信，不知其可也。

一人道好，千人传实。凡事要好，须问三老。若争小可，便失大道。年年防饥，夜夜防盗。

好学者如禾如稻，不好学者如蒿如草。

遇饮酒时须饮酒，得高歌处且高歌。

因风吹火，用力不多。不因渔父引，怎得见波涛？

无求到处人情好，不饮从他酒价高。知事少时烦恼少，识人多处是非多。入山不怕伤人虎，只怕人情两面刀。强中自有强中手，恶人须用恶人磨。会使不在家豪富，风流不用著衣多。

光阴似箭，日月如梭。天时不如地利，

地利不如人和。黄金未为贵，安乐值钱多。

世上万般皆下品，思量唯有读书高。世间好语书说尽，天下名山僧占多。

为善最乐，为恶难逃。羊有跪乳之恩，鸦有反哺之义。

你急他未急，人闲心不闲。隐恶扬善，执其两端。

妻贤夫祸少，子孝父心宽。

既堕釜甑，反顾无益。翻覆之水，收之实难。

人生知足何时足，人老偷闲且自闲。但有绿杨堪系马，处处有路通长安。见者易，学者难。莫将容易得，便作等闲看。用心计较般般错，退步思量事事难。

道路各别，养家一般。从俭入奢易，从

shē rù jiǎn nán
奢入俭难。

zhī yīn shuō yǔ zhī yīn tīng　bú shì zhī yīn mò yǔ tán
知音说与知音听，不是知音莫与谈。

diǎn shí huà wéi jīn　rén xīn yóu wèi zú　xìn le dù　mài
点石化为金，人心犹未足。信了肚，卖

le wū
了屋。

tā rén nì nì　bú shè nǐ mù　tā rén lù lù　bú shè
他人睨睨，不涉你目。他人碌碌，不涉

nǐ zú
你足。

shuí rén bù ài zǐ sūn xián　shuí rén bú ài qiān zhōng sù　nài
谁人不爱子孙贤，谁人不爱千钟粟，奈

wǔ xíng bú shì zhè bān tí mù　mò bǎ zhēn xīn kōng jì jiào　ér sūn
五行不是这般题目。莫把真心空计较，儿孙

zì yǒu ér sūn fú
自有儿孙福。

yǔ rén bù hé　quàn rén yǎng é　yǔ rén bú mù　quàn rén
与人不和，劝人养鹅。与人不睦，劝人

jià wū　dàn xíng hǎo shì　mò wèn qián chéng
架屋。但行好事，莫问前程。

hé xiá shuǐ jí　rén jí jì shēng　míng zhī shān yǒu hǔ　mò
河狭水急，人急计生。明知山有虎，莫

xiàng hǔ shān xíng　lù bù xíng bú dào　shì bù wéi bù chéng　rén bú
向虎山行。路不行不到，事不为不成。人不

quàn bú shàn　zhōng bù dǎ bù míng
劝不善，钟不打不鸣。

wú qián fāng duàn jiǔ　lín lǎo shǐ kàn jīng　diǎn tǎ qī céng
无钱方断酒，临老始看经。点塔七层，

不如暗处一灯。

万事劝人休瞒昧，举头三尺有神明。但存方寸土，留与子孙耕。灭却心头火，剔起佛前灯。

惺惺常不足，懵懵作公卿。众星朗朗，不如孤月独明。

兄弟相害，不如友生。合理可作，小利莫争。

牡丹花好空入目，枣花虽小结实成。

欺老莫欺小，欺人心不明。

随分耕锄收地利，他时饱暖谢苍天。

得忍且忍，得耐且耐。不忍不耐，小事成大。

相论逞英雄，家计渐渐退。贤妇令夫贵，恶妇令夫败。一人有庆，兆民咸赖。

人老心未老，人穷志未穷。

人无千日好，花无百日红。杀人可恕，

情理难容。

乍富不知新受用，骤贫难改旧家风。座

上客常满，樽中酒不空。屋漏更遭连夜雨，

行船又遇打头风。

笋因落箨方成竹，鱼为奔波始化龙。

记得少年骑竹马，看看又是白头翁。

礼义生于富足，盗贼出于贫穷。

天上众星皆拱北，世间无水不朝东。

君子安贫，达人知命。

忠言逆耳利于行，良药苦口利于病。

顺天者存，逆天者亡。人为财死，鸟为

食亡。

夫妻相合好，琴瑟与笙簧。有儿贫不

久，无子富不长。

善必寿考，恶必早亡。爽口食多偏作病，快心事过恐生殃。

富贵定要依本分，贫穷不必枉思量。

画水无风空作浪，绣花虽好不闻香。贪他一斗米，失却半年粮。争他一脚豚，反失一肘羊。

龙归晚洞云犹湿，麝过春山草亦香。

平生只会量人短，何不回头把己量。

见善如不及，见恶如探汤。

人穷志短，马瘦毛长。自家心里急，他人不知忙。贫无义士将金赠，病有高人说药方。

触来莫与竞，事过心清凉。秋至满山多秀色，春来无处不花香。

凡人不可貌相，海水不可斗量。清清之水，为土所防。济济之士，为酒所伤。蒿草之下，或有兰香。茅茨之屋，或有侯王。无限朱门生饿殍，几多白屋出公卿。

醉后乾坤大，壶中日月长。万事皆已定，浮生空自忙。

千里送毫毛，礼轻仁义重。

世事明如镜，前程暗似漆。

光阴黄金难买，一世如驹过隙。

良田万顷，日食一升。大厦千间，夜眠八尺。千经万典，孝弟为先。

一字入公门，九牛拖不出。衙门八字开，有理无钱莫进来。

富从升合起，贫因不算来。家中无才子，官从何处来。

万事不由人计较，一生都是命安排。急行慢行，前程只有许多路。

人间私语，天闻若雷。暗室亏心，神目如电。一毫之恶，劝人莫作。一毫之善，与人方便。欺人是祸，饶人是福。天网恢恢，报应甚速。圣贤言语，神钦鬼伏。

人各有心，心各有见。口说不如身逢，耳闻不如目见。

养军千日，用在一朝。国清才子贵，家富小儿骄。

利刀割体痕易合，恶语伤人恨不消。公道世间唯白发，贵人头上不曾饶。

有钱堪出众，无衣懒出门。为官须作相，及第早争先。

苗从地发，树向枝分。父子合而家不

退，兄弟合而家不分。

guān yǒu zhèng tiáo　　mín yǒu sī yuē
官有正条，民有私约。

xián shí bù shāo xiāng　　jí shí bào fó jiǎo　　xìng shēng tài píng
闲时不烧香，急时抱佛脚。幸生太平

wú shì rì　　kǒng féng nián lǎo bù duō shí　　guó luàn sī liáng jiàng　　jiā
无事日，恐逢年老不多时。国乱思良将，家

pín sī xián qī　　chí táng jī shuǐ xū fáng hàn　　tián dì shēn gēng zú yǎng
贫思贤妻。池塘积水须防旱，田地深耕足养

jiā　　gēn shēn bú pà fēng yáo dòng　　shù zhèng bù chóu yuè yǐng xié
家。根深不怕风摇动，树正不愁月影斜。

fèng quàn jūn zǐ　　gè yí shǒu jǐ　　zhǐ cǐ chéng shì　　wàn wú
奉劝君子，各宜守己。只此呈式，万无

yì shī
一失。

míng xián jí

名贤集

扫一扫　听诵读

sì yán jí
四言集

dàn xíng hǎo shì　　mò wèn qián chéng
但行好事，莫问前程。

yǔ rén fāng biàn　　zì jǐ fāng biàn
与人方便，自己方便。

shàn yǔ rén jiāo　　jiǔ ér jìng zhī
善与人交，久而敬之。

rén pín zhì duǎn　　mǎ shòu máo cháng
人贫志短，马瘦毛长。

rén xīn sì tiě　　guān fǎ rú lú
人心似铁，官法如炉。

jiàn zhī shuāng měi　　huǐ zhī shuāng shāng
谏之双美，毁之双伤。

zàn tàn fú shēng　　zuò niàn huò shēng
赞叹福生，作念祸生。

jī shàn zhī jiā　　bì yǒu yú qìng
积善之家，必有余庆。

jī è zhī jiā　　bì yǒu yú yāng
积恶之家，必有余殃。

xiū zhēng xián qì　　rì yǒu píng xī
休争闲气，日有平西。

lái zhī bú shàn　　qù zhī yì yì
来之不善，去之亦易。

rén píng bù yǔ　　shuǐ píng bù liú
人平不语，水平不流。

得荣思辱，处安思危。

羊羔虽美，众口难调。

事要三思，免劳后悔。

太子入学，庶民同例。

官至一品，万法依条。

得之有本，失之无本。

凡事从实，积福自厚。

无功受禄，寝食不安。

财高气壮，势大欺人。

言多语失，食多伤心。

送朋友酒，日食三餐。

酒要少吃，事要多知。

相争告人，万种无益。

礼下于人，必有所求。

敏而好学，不耻下问。

居必择邻，交必良友。

顺天者存，逆天者亡。

人为财死，鸟为食亡。

得人一牛，还人一马。

老实常在，脱空常败。

三人同行，必有我师。

人无远虑，必有近忧。

寸心不昧，万法皆明。

明中施舍，暗里填还。

人间私语，天闻若雷。

暗室亏心，神目如电。

肚里跷蹊，神道先知。

人离乡贱，物离乡贵。

杀人可恕，情理难容。

人欲可断，天理可循。

xīn yào zhōng shù　　yì yào chéng shí
心要忠恕，意要诚实。

xiá nì è shào　　jiǔ bì shòu lěi
狎昵恶少，久必受累。

qū zhì lǎo chéng　　jí kě xiāng yī
屈志老成，急可相依。

shī huì wú niàn　　shòu ēn mò wàng
施惠无念，受恩莫忘。

wù yíng huá wū　　wù móu liáng tián
勿营华屋，勿谋良田。

zǔ zōng suī yuǎn　　jì sì yí chéng
祖宗虽远，祭祀宜诚。

zǐ sūn suī yú　　shī shū yí dú
子孙虽愚，诗书宜读。

kè bó chéng jiā　　lǐ wú jiǔ gū
刻薄成家，理无久辜。

wǔ yán jí
五言集

huáng jīn fú shì zài　　bái fà gù rén xī
黄金浮世在，白发故人稀。

duō jīn fēi wéi guì　　ān lè zhí qián duō
多金非为贵，安乐值钱多。

xiū zhēng sān cùn qì　　bái le shào nián tóu
休争三寸气，白了少年头。

bǎi nián suí shí guò　　wàn shì zhuǎn tóu kōng
百年随时过，万事转头空。

耕牛无宿草，仓鼠有余粮。

万事分已定，浮生空自忙。

结有德之朋，绝无义之友。

常怀克己心，法度要谨守。

君子坦荡荡，小人常戚戚。

见事知长短，人面识高低。

心高遮甚事，地高偃水流。

水深流去慢，贵人语话迟。

道高龙虎伏，德重鬼神钦。

人高谈今古，物高价出头。

休倚时来势，提防时去年。

藤萝绕树生，树倒藤萝死。

官满如花谢，势败奴欺主。

命强人欺鬼，运衰鬼欺人。

但得一步地，何须不为人。

rén wú qiān rì hǎo　　huā wú bǎi rì hóng
人无千日好，花无百日红。

rén yǒu shí nián zhuàng　　guǐ shén bù gǎn bàng
人有十年壮，鬼神不敢傍。

chú zhōng yǒu shèng fàn　　lù shàng yǒu jī rén
厨中有剩饭，路上有饥人。

ráo rén bú shì chī　　guò hòu dé pián yi
饶人不是痴，过后得便宜。

liàng xiǎo fēi jūn zǐ　　wú dù bú zhàng fū
量小非君子，无度不丈夫。

lù yáo zhī mǎ lì　　rì jiǔ jiàn rén xīn
路遥知马力，日久见人心。

cháng cún jūn zǐ dào　　xū yǒu chèn xīn shí
长存君子道，须有称心时。

yàn fēi bú dào chù　　rén bèi míng lì qiān
雁飞不到处，人被名利牵。

dì yǒu sān jiāng shuǐ　　rén wú sì hǎi xīn
地有三江水，人无四海心。

yǒu qián shàn shǐ yòng　　sǐ hòu yì chǎng kōng
有钱善使用，死后一场空。

wéi rén bú fù yǐ　　wéi fù bù rén yǐ
为仁不富矣，为富不仁矣。

jūn zǐ yù yú yì　　xiǎo rén yù yú lì
君子喻于义，小人喻于利。

pín ér wú yuàn nán　　fù ér wú jiāo yì
贫而无怨难，富而无骄易。

bǎi nián hái zài mìng　　bàn diǎn bù yóu rén
百年还在命，半点不由人。

zài jiā jìng fù mǔ　　hé xū yuǎn shāo xiāng
在家敬父母，何须远烧香？

家和贫也好，不义富如何？

晴干开水道，须防暴雨时。

寒门生贵子，白屋出公卿。

将相本无种，男儿当自强。

欲要夫子行，无可一日清。

三千徒众立，七十二贤人。

成人不自在，自在不成人。

国正天心顺，官清民自安。

妻贤夫祸少，子孝父心宽。

白云朝朝过，青天日日闲。

自家无运至，却怨世界难。

有钱能解语，无钱语不听。

时间风火性，烧了岁寒衣。

人生不满百，常怀千岁忧。

来说是非者，便是是非人。

积善有善报，积恶有恶报。

报应有早晚，祸福自不错。

花有重开日，人无常少年。

人无害虎心，虎有伤人意。

上山擒虎易，开口告人难。

忠臣不怕死，怕死不忠臣。

从前多少事，过去一场空。

满怀心腹事，尽在不言中。

既在矮簷下，怎敢不低头？

家贫知孝子，国乱识忠臣。

凡是登途者，都是福薄人。

须受苦中苦，方为人上人。

家贫君子拙，时来小儿强。

命好心也好，富贵直到老。

命好心不好，中途夭折了。

xīn mìng dōu bù hǎo　　qióng kǔ zhí dào lǎo
心命都不好，穷苦直到老。

nián lǎo xīn wèi lǎo　　rén qióng xíng mò qióng
年老心未老，人穷行莫穷。

zì gǔ jiē yǒu sǐ　　mín wú xìn bú lì
自古皆有死，民无信不立。

guāi hàn mán chī hàn　　chī hàn zǒng bù zhī
乖汉瞒痴汉，痴汉总不知。

guāi hàn biàn lǘ zi　　què bèi chī hàn qí
乖汉变驴子，却被痴汉骑。

liù yán jí
六言集

chángjiāng hǎo shì yú rén　　huò bù lín shēn hài jǐ
常将好事于人，祸不临身害己。

jì dú kǒngmèng zhī shū　　bì dá zhōu gōng zhī lǐ
既读孔孟之书，必达周公之礼。

jūn zǐ jìng ér wú shī　　yǔ rén gōng ér yǒu lǐ
君子敬而无失，与人恭而有礼。

shì jūn shuò sī rǔ yǐ　　péng yǒu shuò sī shū yǐ
事君数斯辱矣，朋友数斯疏矣。

rén wú chóu tiān zhī lì　　tiān yǒu yǎng rén zhī xīn
人无酬天之力，天有养人之心。

jìng zuò cháng sī jǐ guò　　xián tán mò lùn rén fēi
静坐常思己过，闲谈莫论人非。

yì mǎ bú bèi shuāng ān　　zhōngchén bú shì èr zhǔ
一马不备双鞍，忠臣不事二主。

常想有力之奴，不念无为之子。

人有旦夕祸福，天有昼夜阴晴。

君子当权积福，小人仗势欺人。

人将礼乐为先，树将枝叶为圆。

马有垂缰之义，狗有湿草之恩。

运去黄金失色，时来铁也争光。

怕人知道休做，要人敬重勤学。

泰山不却微尘，积少垒成高大。

人道谁无烦恼，风来浪也白头。

七言集

贫居闹市无人问，富在深山有远亲。

交情好似初相见，到老终无怨恨心。

白马红缨彩色新，不是亲者强来亲；

一朝马死黄金尽，亲者如同陌路人。

青草发时便盖地，运通何须觅故人？

但能依理求生计，何必欺心做恶人？

才与人交辨人心，高山流水向古今。

莫作亏心侥幸事，自然灾祸不来侵。

人著人死天不肯，天著人死有何难？

我见几家贫了富，几家富了又还贫。

三寸气在千般用，一旦无常万事休。

人见利而不见害，鱼见食而不见钩。

是非只为多开口，烦恼皆因强出头。

平生正直无私曲，问甚天公饶不饶。

猛虎不在当道卧，困龙也有升天时。

临崖勒马收缰晚，船到江心补漏迟。

家业有时为来往，还钱常记借钱时。

常将有日思无日，莫待无时思有时。

金风未动蝉先觉，暗算无常死不知。

青山只会明今古，绿水何曾洗是非？

善恶到头终有报，只争来早与来迟。

蒿里隐着灵芝草，淤泥陷着紫金盆。

劝君莫做亏心事，古往今来放过谁。

山寺日高僧未起，算来名利不如闲。

人生七十古来稀，多少风光不同居。

长江一去无回浪，人老何曾再少年。

大道劝人三件事，戒酒除花莫赌钱。

言多语失皆因酒，义断亲疏只为钱。

有事但近君子说，是非休听小人言。

妻贤何愁家不富，子孝何须父向前？

心好家门生贵子，命好何须靠祖田？

侵人田土骗人钱，荣华富贵不多年。

莫道眼前无报应，分明折在子孙边。

酒逢知己千杯少，话不投机半句多。

衣服破时宾客少，识人多处是非多。

草怕严霜霜怕日，恶人自有恶人磨。

月过十五光明少，人到中年万事和。

良言一句三冬暖，恶语伤人六月寒。

雨里深山雪里烟，看时容易做时难。

无名草木年年发，不信男儿一世穷。

若不与人行方便，念尽弥陀总是空。

少年休笑白头翁，花开能有几日红？

越奸越狡越贫穷，奸狡原来天不容。

富贵若从奸狡得，世间呆汉吸西风。

忠臣不事二君主，烈女不嫁二夫郎。

小人狡猾心肠歹，君子公平托上苍。

一字千金价不多，会文会算有谁过？

身小会文国家用，大汉空长作什么？

lóng wén biān yǐng
龙文鞭影

扫一扫　听诵读

yì dōng
一 东

cū chéng sì zì　　huì ěr tóng méng
粗成四字，诲尔童蒙。

jīng shū xiá rì　　zǐ shǐ xū tōng
经书暇日，子史须通。

chóng huá dà xiào　　wǔ mù jīng zhōng
重华大孝，武穆精忠。

yáo méi bā cǎi　　shùn mù chóng tóng
尧眉八彩，舜目重瞳。

shāng wáng dǎo yǔ　　hàn zǔ gē fēng
商王祷雨，汉祖歌风。

xiù xún hé běi　　cè jù jiāng dōng
秀巡河北，策据江东。

tài zōng huái yào　　huán diǎn chéng cōng
太宗怀鹞，桓典乘骢。

jiā bīn fù xuě　　shèng zǔ yín hóng
嘉宾赋雪，圣祖吟虹。

yè xiān qiū shuǐ　　xuān shèng chūn fēng
邺仙秋水，宣圣春风。

kǎi chóng dòu fù　　hún jùn zhēng gōng
恺崇斗富，浑濬争功。

wáng lún shǐ lǔ　　wèi jiàng hé róng
王伦使虏，魏绛和戎。

xún liú hé nèi　　hé shǒu guān zhōng
恂留河内，何守关中。

zēng chú dīng wèi　　hào zhé jiǎ chōng
曾除丁谓，皓折贾充。

tián jiāo pín jiàn　　zhào bié cí xióng
田骄贫贱，赵别雌雄。

wáng róng jiǎn yào　　péi kǎi qīng tōng
王戎简要，裴楷清通。

zǐ ní míng shì　　shào yì shén tóng
子尼名士，少逸神童。

jù bó gāo yì　　xǔ shū yīn gōng
巨伯高谊，许叔阴功。

dài yǔ lǐ jìng　　zhǐ báo wáng chóng
代雨李靖，止雹王崇。

hé níng yī bō　　rén jié yào lóng
和凝衣钵，仁杰药笼。

yì lún qīng jié　　zhǎn huò hé fēng
义伦清节，展获和风。

zhān fēng lìng yǐn　　biàn rì ér tóng
占风令尹，辩日儿童。

bì lǚ dōng guō　　cū fú zhāng róng
敝履东郭，粗服张融。

lú qǐ chú huàn　　péng chǒng yán gōng
卢杞除患，彭宠言功。

放歌渔者，鼓枻诗翁。
fàng gē yú zhě gǔ yì shī wēng

韦文朱武，阳孝尊忠。
wéi wén zhū wǔ yáng xiào zūn zhōng

倚闾贾母，投阁扬雄。
yǐ lú jiǎ mǔ tóu gé yáng xióng

梁姬值虎，冯后当熊。
liáng jī zhí hǔ féng hòu dāng xióng

罗敷陌上，通德宫中。
luó fū mò shàng tōng dé gōng zhōng

二 冬
èr dōng

汉称七制，唐羡三宗。
hàn chēng qī zhì táng xiàn sān zōng

杲卿断舌，高祖伤胸。
gǎo qīng duàn shé gāo zǔ shāng xiōng

魏公切直，师德宽容。
wèi gōng qiè zhí shī dé kuān róng

祢衡一鹗，路斯九龙。
mí héng yí è lù sī jiǔ lóng

纯仁助麦，丁固梦松。
chún rén zhù mài dīng gù mèng sōng

韩琦芍药，李固芙蓉。
hán qí sháo yào lǐ gù fú róng

乐羊七载，方朔三冬。
yuè yáng qī zǎi fāng shuò sān dōng

龙文鞭影

jiāo qí bìng dì　　tán shàng xiāng gōng
郊祁并第，谭尚相攻。

táo wéi wù bào　　hán bǐ yún lóng
陶违雾豹，韩比云龙。

xǐ ér fēi zǐ　　xiào shì zhāo róng
洗儿妃子，校士昭容。

cǎi luán shū yùn　　qín cāo cān zōng
彩鸾书韵，琴操参宗。

sān jiāng
三　江

gǔ dì fèng gé　　cì shǐ jī chuāng
古帝凤阁，刺史鸡窗。

wáng qín hú hài　　xīng hàn liú bāng
亡秦胡亥，兴汉刘邦。

dài shēng dú bù　　xǔ zǐ wú shuāng
戴生独步，许子无双。

liǔ mián hàn yuàn　　fēng luò wú jiāng
柳眠汉苑，枫落吴江。

yú shān jǐng zhí　　lù mén yǐn páng
鱼山警植，鹿门隐庞。

hào cóng chuáng nì　　sōng bì zhàng zhuàng
浩从床匿，崧避杖撞。

liú shī bù fù　　hán wén dǐng gāng
刘诗瓿覆，韩文鼎扛。

yuàn guī pán gǔ　　yáng yì shí cóng
愿归盘谷，杨忆石淙。

弩名克敵，城筑受降。
nǔ míng kè dí，chéng zhù shòu xiáng

韦曲杜曲，梦窗草窗。
wéi qū dù qū，mèng chuāng cǎo chuāng

灵征刍狗，诗祸花庞。
líng zhēng chú gǒu，shī huò huā máng

嘉贞丝幔，鲁直彩缸。
jiā zhēn sī màn，lǔ zhí cǎi gāng

四 支
sì zhī

王良策马，傅说骑箕。
wáng liáng cè mǎ，fù yuè qí jī

伏羲画卦，宣父删诗。
fú xī huà guà，xuān fù shān shī

高逢白帝，禹梦玄夷。
gāo féng bái dì，yǔ mèng xuán yí

寅陈七策，光进五规。
yín chén qī cè，guāng jìn wǔ guī

鲁恭三异，杨震四知。
lǔ gōng sān yì，yáng zhèn sì zhī

邓攸弃子，郭巨埋儿。
dèng yōu qì zǐ，guō jù mái ér

公瑜嫁婢，处道还姬。
gōng yú jià bì，chǔ dào huán jī

允诛董卓，玠杀王夔。
yǔn zhū dǒng zhuó，jiè shā wáng kuí

龙文鞭影

石虔矫捷，朱亥雄奇。

平叔傅粉，弘治凝脂。

伯俞泣杖，墨翟悲丝。

能文曹植，善辩张仪。

温公警枕，董子下帷。

会书张旭，善画王维。

周兄无慧，济叔不痴。

杜畿国士，郭泰人师。

伊川传易，觉范论诗。

董昭救蚁，毛宝放龟。

乘风宗悫，立雪杨时。

阮籍青眼，马良白眉。

韩子孤愤，梁鸿五噫。

钱昆嗜蟹，崔谌乞麋。

隐之卖犬，井伯烹雌。

枚皋敏捷，司马淹迟。

祖莹称圣，潘岳诚奇。

紫芝眉宇，思曼风姿。

毓会窃饮，谌纪成靡。

韩康卖药，周术茹芝。

刘公殿虎，庄子涂龟。

唐举善相，扁鹊名医。

韩琦焚疏，贾岛祭诗。

康侯训侄，良弼课儿。

颜狂莫及，山器难知。

懒残煨芋，李泌烧梨。

干椹杨沛，焦饭陈遗。

文舒戒子，安石求师。

防年末减，严武称奇。

邓云艾艾，周曰期期。

周师猿鹊，梁相鹓鸱。

临洮大汉，琼崖小儿。

东阳巧对，汝锡奇诗。

启期三乐，藏用五知。

堕甑叔达，发瓷钟离。

一钱诛吏，半臂怜姬。

王胡索食，罗友乞祠。

召父杜母，雍友杨师。

直言解发，京兆画眉。

美姬工笛，老婢吹篪。

五　微

敬叔受饷，吴祜遗衣。

淳于窃笑，司马微讥。

zǐ fáng bì gǔ　　gōng xìn cǎi wēi
子房辟谷，公信采薇。

bǔ shāng wén guò　　bó yù zhī fēi
卜商闻过，伯玉知非。

shì zhì yuǎn zhì　　bó yuē dāng guī
仕治远志，伯约当归。

shāng ān chún fú　　zhāng qì niú yī
商安鹑服，章泣牛衣。

cài chén shàn xuè　　wáng gě jiāo jī
蔡陈善谑，王葛交饥。

táo gōng yùn pì　　mèng mǔ duàn jī
陶公运甓，孟母断机。

liù　yú
六　鱼

shǎo dì zuò xī　　tài zǐ qiān jū
少帝坐膝，太子牵裾。

wèi yì hào hè　　lǔ yǐn guān yú
卫懿好鹤，鲁隐观鱼。

cài lún zào zhǐ　　liú xiàng jiào shū
蔡伦造纸，刘向校书。

zhū yún zhé jiàn　　qín xī jī chē
朱云折槛，禽息击车。

gěng gōng bài jǐng　　zhèng guó chuān qú
耿恭拜井，郑国穿渠。

guó huá qǔ yìn　　tiān dīng mǒ shū
国华取印，添丁抹书。

xì hóu zhú mǎ　　zōng mèng yín yú
细侯竹马，宗孟银鱼。

guǎn níng gē xí　　hé qiáo zhuān chē
管宁割席，和峤专车。

wèi yáng yuán zhàn　　zhái xiàng wèi shū
渭阳袁湛，宅相魏舒。

yǒng hé yōng juàn　　cì dào cáng shū
永和拥卷，次道藏书，

zhèn zhōu zèng bó　　fú zǐ qū chē
镇周赠帛，虙子驱车。

tíng wèi luó què　　xué shì fén yú
廷尉罗雀，学士焚鱼。

míng jiàn jì dá　　yù shí lú chǔ
冥鉴季达，预识卢储。

sòng jūn dù hǔ　　lǐ bái chéng lǘ
宋均渡虎，李白乘驴。

cāng jié zào zì　　yú qīng zhù shū
仓颉造字，虞卿著书。

bān jī cí niǎn　　féng dàn tóng yú
班姬辞辇，冯诞同舆。

qī　　yú
七　虞

xī shān jīng wèi　　dōng hǎi má gū
西山精卫，东海麻姑。

chǔ yīng xìn fó　　qín zhèng kēng rú
楚英信佛，秦政坑儒。

曹公多智，颜子非愚。

伍员覆楚，勾践灭吴。

君谟龙片，王肃酪奴。

蔡衡辨凤，义府题乌。

苏秦刺股，李勣焚须。

介诚狂直，端不糊涂。

关西孔子，江左夷吾。

赵抃携鹤，张翰思鲈。

李佳国士，聂悯田夫。

善讴王豹，直笔董狐。

赵鼎倔强，朱穆专愚。

张侯化石，孟守还珠。

毛遂脱颖，终军弃繻。

佐卿化鹤，次仲为乌。

韦述杞梓，卢植楷模。

士衡黄耳，子寿飞奴。

直笔吴兢，公议袁枢。

陈胜辍锸，介子弃觚。

谢名蝴蝶，郑号鹧鸪。

戴和书简，郑侠呈图。

瑕丘卖药，邺令投巫。

冰山右相，铜臭司徒。

武陵渔父，闽越樵夫。

渔人鹬蚌，田父馌卢。

郑家诗婢，郗氏文奴。

juàn zhī èr
卷之二

bā qí
八 齐

zǐ jìn mù shǐ　　xiān wēng zhù jī
子晋牧豕，仙翁祝鸡。

wǔ wáng guī mǎ　　péi dù huán xī
武王归马，裴度还犀。

chóng ěr bà jìn　　xiǎo bái xīng qí
重耳霸晋，小白兴齐。

jǐng gōng ráng huì　　dòu yǎn zhān kuí
景公禳慧，窦俨占奎。

zhuó jìng píng hǔ　　xī bā shì ní
卓敬冯虎，西巴释麑。

xìn líng bǔ yào　　zǔ tì wén jī
信陵捕鹞，祖逖闻鸡。

zhào bāo qì mǔ　　wú qǐ shā qī
赵苞弃母，吴起杀妻。

chén píng duō zhé　　lǐ guǎng chéng xī
陈平多辙，李广 成蹊。

liè yì kè hǔ　　wēn qiáo rán xī
烈裔刻虎，温峤燃犀。

liáng gōng xùn què　　máo róng gē jī
梁公训雀，茅容割鸡。

jiǔ　jiā
九　佳

yǔ jūn wǔ guì　　wáng yòu sān huái
禹钧五桂，王祐三槐。

tóng xīn xiàng xiù　　xiào mào bó xié
同心向秀，肖貌伯偕。

yuán hóng tǔ shì　　yáng kǎn shuǐ zhāi
袁闳土室，羊侃水斋。

jìng zhī shuō hǎo　　guō nè yán jiā
敬之说好，郭讷言佳。

chén guàn zé jǐ　　ruǎn jí yǒng huái
陈瓘责己，阮籍咏怀。

shí　huī
十　灰

chū píng qǐ shí　　zuǒ cí zhì bēi
初平起石，左慈掷杯。

míng gāo lín gé　　gōng xiǎn yún tái
名高麟阁，功显云台。

朱熹正学，苏轼奇才。

渊明赏菊，和靖观梅。

鸡黍张范，胶漆陈雷。

耿弇北道，僧孺西台。

建峰受贶，孝基还财。

准题华岳，绰赋天台。

穆生决去，贾郁重来。

台乌成兆，屏雀为媒。

平仲无术，安道多才。

杨亿鹤蜕，窦武蛇胎。

湘妃泣竹，鉏麂触槐。

阳雍五璧，温峤一台。

shí yī zhēn
十一真

kǒng mén shí zhé　　yīn shì sān rén
孔门十哲，殷室三仁。

yàn néng chǔ jǐ　　hóng chǐ yīn rén
晏能处己，鸿耻因人。

wén wēng jiào shì　　zhū yì ài mín
文翁教士，朱邑爱民。

tài gōng diào wèi　　yī yǐn gēng shēn
太公钓渭，伊尹耕莘。

gāo wéi tuán lì　　mì jǐn xiàn shēn
皋惟团力，泌仅献身。

sàng bāng huáng hào　　wù guó zhāng dūn
丧邦黄皓，误国章惇。

yāng gēng qín fǎ　　pǔ dú lǔ lún
鞅更秦法，普读鲁论。

lǚ zhū huá shì　　kǒng jué wén rén
吕诛华士，孔戮闻人。

bào shèng chí fǔ　　zhāng gāng mái lún
暴胜持斧，张纲埋轮。

sūn fēi shí miàn　　wéi qǐ chéng shēn
孙非识面，韦岂呈身。

lìng gōng qǐng shuì　　cháng rú shū mín
令公请税，长孺输缗。

bái zhōu cì shǐ　　jiàng xiàn lǎo rén
白州刺史，绛县老人。

jǐng háng lián mù　　jǐn xuǎn huā yīn
景行莲幕，谨选花裀。

xī chāo zào zhái　　jì yǎ mǎi lín
郗超造宅，季雅买邻。

shòu chāng xún mǔ　　dǒng yǒng mài shēn
寿昌寻母，董永卖身。

jiàn ān qī zǐ　　dà lì shí rén
建安七子，大历十人。

xiāng shān shī jià　　sūn jì gū mín
香山诗价，孙济酤缗。

lìng yán sūn wǔ　　fǎ biàn zhāng xún
令严孙武，法变张巡。

gēng yī fàn rǎn　　guǎng bèi mèng rén
更衣范冉，广被孟仁。

bǐ chuáng chá zào　　yǔ shàn guān jīn
笔床茶灶，羽扇纶巾。

guàn fū shǐ jiǔ　　liú sì mà rén
灌夫使酒，刘四骂人。

yǐ niú yì mǎ　　gǎi shì wéi mín
以牛易马，改氏为民。

kuàng xiān biǎo shèng　　dēng hòu shěn bīn
圹先表圣，灯候沈彬。

shí èr wén
十二文

xiè fū chǔ shì　　sòng jǐng xián jūn
谢敷处士，宋景贤君。

景宗险韵，刘煇奇文。

袁安卧雪，仁杰望云。

貌疏宰相，腹负将军。

梁亭窃灌，曾圃误耘。

张巡军令，陈琳檄文。

羊殖益上，宁越弥勤。

蔡邕倒屣，卫瓘披云。

巨山龟息，遵彦龙文。

十三元

傲倪昭谏，茂异简言。

金书梦珏，纱护卜藩。

童恢捕虎，古冶持鼋。

何奇韩信，香化陈元。

xú gàn zhōng lùn　　yáng xióng fǎ yán
徐幹中论，扬雄法言。

lì chēng wū huò　　yǒng shàng mèng bēn
力称乌获，勇尚孟贲。

bā lóng xún shì　　wǔ zhì táng mén
八龙荀氏，五雉唐门。

zhāng zhān chuī jiù　　zhuāng zhōu gǔ pén
张瞻炊臼，庄周鼓盆。

shū tuō shì jiǎn　　bó ào wén yuán
疏脱士简，博奥文元。

mǐn xiū wèi qǔ　　chén qiáo chū hūn
敏修未娶，陈峤初婚。

cháng gōng sī guò　　dìng guó píng yuān
长公思过，定国平冤。

chén zūn tóu xiá　　wèi bó sǎo mén
陈遵投辖，魏勃扫门。

sūn liàn zhī jù　　ruǎn xián pù kūn
孙琳织屦，阮咸曝裈。

huì táng wú yǐn　　wéi shān bù yán
晦堂无隐，沩山不言。

shí sì hán
十四寒

zhuāng shēng hú dié　　lǚ zǔ hán dān
庄　生蝴蝶，吕祖邯郸。

xiè ān zhé jī　　gòng yǔ tán guān
谢安折屐，贡禹弹冠。

yǐ róng wáng dǎo　　jùn shā qū duān
颐容王导，浚杀曲端。

xiū nuó tí jié　　shū shào píng guān
休那题碣，叔邵凭棺。

rú lóng zhū gě　　sì guǐ cáo mán
如龙诸葛，似鬼曹瞒。

shuǎng xīn yù lǐ　　bái yuàn shí hán
爽欣御李，白愿识韩。

qián lóu bù bèi　　yōu mèng yī guān
黔娄布被，优孟衣冠。

cháng gē nìng qī　　hān shuì chén tuán
长歌宁戚，鼾睡陈抟。

zēng shēn wù yì　　páng dé yí ān
曾参务益，庞德遗安。

mù qīn chǔ jiù　　shāng huà zhī lán
穆亲杵臼，商化芝兰。

gě hóng fù jí　　gāo fèng chí gān
葛洪负笈，高凤持竿。

shì zhī jié wà　　zǐ xià gēng guān
释之结袜，子夏更冠。

zhí yán táng jiè　　yǎ liàng liú kuān
直言唐介，雅量刘宽。

lǚ xū hé diǎn　　zhuō bí xiè ān
捋须何点，捉鼻谢安。

zhāng huá lóng zhǎ　　mǐn gòng zhū gān
张华龙鲊，闵贡猪肝。

yuān cái wǔ hèn　　guō yì sān tàn
渊材五恨，郭奕三叹。

hóng jǐng zuò xiàng　　yán zǔ qì guān
弘景作相，延祖弃官。

二疏供帐，四皓衣冠。

曼卿豪饮，廉颇雄餐。

长康三绝，元方二难。

曾辞温饱，城忍饥寒。

买臣怀绶，逄萌挂冠。

循良伏湛，儒雅倪宽。

欧母画荻，柳母和丸。

韩屏题叶，燕姞梦兰。

漂母进食，浣妇分餐。

十五删

令威华表，杜宇西山。

范增举玦，羊祜探环。

沈昭狂瘦，冯道痴顽。

陈蕃下榻，郅恽拒关。

雪夜擒蔡，灯夕平蛮。

郭家金穴，邓氏铜山。

比干受策，杨宝掌环。

晏婴能俭，苏轼为悭。

堂开洛水，社结香山。

腊花齐放，春桂同攀。

juàn zhī sān
卷之三

yī xiān
一 先

fēi fú yè lìng　　jià hè gōu xiān
飞凫叶令，驾鹤缑仙。

liú chén cǎi yào　　mào shū guān lián
刘晨采药，茂叔观莲。

yáng gōng huī rì　　wǔ yǐ shè tiān
阳公麾日，武乙射天。

táng zōng sān jiàn　　liú chǒng yì qián
唐宗三鉴，刘宠一钱。

shū wǔ shǒu guó　　lǐ mù bèi biān
叔武守国，李牧备边。

shào wēng zhì guǐ　　luán dà qiú xiān
少翁致鬼，栾大求仙。

yù chén cáo cāo　　měng xiàng fú jiān
彧臣曹操，猛相苻坚。

hàn jiā sān jié　　jìn shì qī xián
汉家三杰，晋室七贤。

居易识字，童乌预玄。

黄琬对日，秦宓论天。

元龙湖海，司马山川。

操诛吕布，膑杀庞涓。

羽救巨鹿，准策澶渊。

应融丸药，阎敞还钱。

范居让水，吴饮贪泉。

薛逢羸马，刘胜寒蝉。

捉刀曹操，拂矢贾坚。

晦肯负国，质愿亲贤。

罗友逢鬼，潘谷称仙。

茂弘练服，子敬青毡。

王奇雁字，韩浦鸾笺。

安之画地，德裕筹边。

平原十日，苏章二天。

xú miǎn fēng yuè　　qì jí yún yān
徐勉风月，弃疾云烟。

shùn qīn dǒu jiǔ　　fǎ zhǔ pú jiān
舜钦斗酒，法主蒲鞯。

rào cháo zèng cè　　fú lǔ tóu biān
绕朝赠策，苻卤投鞭。

yù ràng tūn tàn　　sū wǔ cān zhān
豫让吞炭，苏武餐毡。

jīn tái zhāo shì　　yù shǔ zhù xián
金台招士，玉署贮贤。

sòng chén zōng zé　　hàn shǐ zhāng qiān
宋臣宗泽，汉使张骞。

hú jī rén zhǒng　　míng jì shū xiān
胡姬人种，名妓书仙。

二　萧

èr　xiāo

téng wáng jiá dié　　mó jié bā jiāo
滕王蛱蝶，摩诘芭蕉。

què yī shī dào　　tóu bǐ bān chāo
却衣师道，投笔班超。

féng guān wǔ dài　　jì xiàng sān cháo
冯官五代，季相三朝。

liú fén xià dì　　lú zhào duó biāo
刘蕡下第，卢肇夺标。

líng gān xiáng lǔ　　zhú chǐ chén zhāo
陵甘降虏，蜀耻臣昭。

lóng pín shài fù　　qián lǎn zhé yāo
隆贫晒腹，潜懒折腰。

wéi shòu shǔ jǐn　　yuán zǎi jiāo xiāo
韦绶蜀锦，元载鲛绡。

pěng xí máo yì　　jué jū wēn qiáo
捧檄毛义，绝裾温峤。

zhèng qián zhù shì　　huái sù zhòng jiāo
郑虔贮柿，怀素种蕉。

yán zǔ hè lì　　mào hóng lóng chāo
延祖鹤立，茂弘龙超。

xuán yú yáng xù　　liú dú shí miáo
悬鱼羊续，留犊时苗。

guì fēi pěng yàn　　nòng yù chuī xiāo
贵妃捧砚，弄玉吹箫。

sān yáo
三 肴

luán bā jiù huǒ　　xǔ xùn chú jiāo
栾巴救火，许逊除蛟。

shī qióng wǔ jì　　yì bù sān yáo
诗穷五际，易布三爻。

qīng shí ān shí　　qí jì jū cháo
清时安石，奇计居鄛。

hú xún yīng dòu　　quán fǎng hǔ pǎo
湖循莺脰，泉访虎跑。

jìn yóu shù xī　　guǐ shù shī jiǎo
近游束皙，诡术尸佼。

áo kuáng xī fà　　jī lǎn zhuǎn bāo
翱狂晞发，嵇懒转胞。

xī xī yàn yǒng　　běi lǒng kǒng cháo
西溪晏咏，北陇孔嘲。

mín jiē zì zhèng　　qiāng yuàn xìng bāo
民皆字郑，羌愿姓包。

qí péng shěn huì　　shè yā mèng jiāo
骑鹏沈晦，射鸭孟郊。

dài yú gǔ chuī　　jiǎ dǎo tuī qiāo
戴颙鼓吹，贾岛推敲。

sì　háo
四　豪

yǔ chéng yú shùn　　yuè xiàng yīn gāo
禹承虞舜，说相殷高。

hán hóu bì kù　　zhāng lù tí páo
韩侯敝袴，张禄绨袍。

xiàng rú tí zhù　　hán yù fén gāo
相如题柱，韩愈焚膏。

juān shēng jì xìn　　zhēng sǐ kǒng bāo
捐生纪信，争死孔褒。

kǒng zhāng wén bó　　mèng dé shī háo
孔璋文伯，梦得诗豪。

mǎ yuán jué shuò　　cháo fù qīng gāo
马援矍铄，巢父清高。

bó lún jī lèi　　chāo zōng fèng máo
伯伦鸡肋，超宗凤毛。

服虔赁作，车胤重劳。

张仪折竹，任末燃蒿。

贺循冰玉，公瑾醇醪。

庞公休畅，刘子高操。

季札挂剑，吕虔赠刀。

来护卓荦，梁竦矜高。

壮心处仲，操行陈陶。

子荆爽迈，孝伯清操。

李订六逸，石与三豪。

郑弘还箭，元性成刀。

刘殷七业，何点三高。

五歌

二使入蜀，五老游河。

孙登坐啸，谭峭行歌。

汉王封齿，齐主烹阿。

丁兰刻木，王质烂柯。

霍光忠厚，黄霸宽和。

桓谭非谶，王商止讹。

隐翁龚胜，刺客荆轲。

老人结草，饿夫倒戈。

奕宛李讷，碑赚孙何。

子猷啸咏，斯立吟哦。

奕世貂珥，闾里鸣珂。

昙辍丝竹，裒废蓼莪。

箕陈五福，华祝三多。

龙文鞭影

liù má
六 麻

wàn dàn qí shì　sān jǐ cuī jiā
万石齐氏，三戟崔家。

tuì zhī qū è　shū áo mái shé
退之驱鳄，叔敖埋蛇。

yú xǔ yì fú　dào jì liáng shā
虞诩易服，道济量沙。

jí cí kuì ròu　qióng què xiǎng guā
伋辞馈肉，琼却饷瓜。

zhài zūn zǔ dòu　chái shào pí pá
祭遵俎豆，柴绍琵琶。

fǎ cháng píng jiǔ　hóng jiàn lùn chá
法常评酒，鸿渐论茶。

táo yí sōng jú　tián lè yān xiá
陶怡松菊，田乐烟霞。

mèng yè jiǔ suì　zhèng jué yì má
孟邺九穗，郑珏一麻。

yán huí liàn mǎ　yuè guǎng bēi shé
颜回练马，乐广杯蛇。

luó xiàng chí jié　wáng bō lǒng shā
罗珦持节，王播笼纱。

néng yán lǐ mì　gǎn jiàn xiāng chē
能言李泌，敢谏香车。

hán yù pì fó　fù yì chú xié
韩愈辟佛，傅奕除邪。

chūn cáng zú gòu　yōng shì chuāng jiā
春藏足垢，邕嗜疮痂。

xuē jiān chéng cǎi　jiāng bǐ shēng huā
薛笺成彩，江笔生花。

bān zhāo hàn shǐ　cài yǎn hú jiā
班昭汉史，蔡琰胡笳。

fèng huáng lǜ lǚ　yīng wǔ pí pá
凤凰律吕，鹦鹉琵琶。

dù chuán táo yè　cūn míng xìng huā
渡传桃叶，村名杏花。

qī yáng
七 阳

jūn qǐ pán gǔ　rén shǐ yà dāng
君起盘古，人始亚当。

míng huáng huā è　líng yùn chí táng
明皇花萼，灵运池塘。

shén wēi yì dé　yì yǒng yún cháng
神威翼德，义勇云长。

yì xióng shè rì　yǎn fèn fēi shuāng
羿雄射日，衍愤飞霜。

wáng xiáng qiú lǐ　shū xiàng mái yáng
王祥求鲤，叔向埋羊。

liàng fāng guǎn yuè　lè bǐ gāo guāng
亮方管乐，勒比高光。

shì nán shū jiān　cháo cuò zhì náng
世南书监，晁错智囊。

chāng qiú yǒu lǐ　shōu dùn shǒu yáng
昌囚羑里，收遁首阳。

龙文鞭影

shì gōng zhèng shū　　jùn jǔ lǐ gāng
轼攻正叔，浚沮李纲。

xiáng jīn liú yù　　shùn lǔ bāng chāng
降金刘豫，顺虏邦昌。

yú shāo chì bì　　shì zhé huáng gāng
瑜烧赤壁，轼谪黄冈。

mǎ róng jiàng zhàng　　lǐ hè jǐn náng
马融绛帐，李贺锦囊。

tán qiān yíng zàng　　zhī xí lín sāng
昙迁营葬，脂习临丧。

rén yù shī jiào　　liú shì mò zhuāng
仁裕诗窖，刘式墨庄。

liú kūn xiào yuè　　bó qí lǚ shuāng
刘琨啸月，伯奇履霜。

sài wēng shī mǎ　　zāng gǔ wáng yáng
塞翁失马，臧谷亡羊。

kòu gōng kū zhú　　shào bó gān táng
寇公枯竹，召伯甘棠。

kuāng héng záo bì　　sūn jìng xuán liáng
匡衡凿壁，孙敬悬梁。

yì lú mǐn sǔn　　shān zhěn huáng xiāng
衣芦闵损，扇枕黄香。

yīng fú zhào wǔ　　jí shā huái wáng
婴扶赵武，籍杀怀王。

wèi zhēng wǔ mèi　　ruǎn jí chāng kuáng
魏徵妩媚，阮籍猖狂。

diāo lóng liú xié　　mǐn jì yīng yàng
雕龙刘勰，愍骥应场。

yù jū tài dòu　　xí shè jì chāng
御车泰豆，习射纪昌。

異人彥博，男子天祥。

忠貞古弼，奇節任棠。

何晏談易，郭象注莊。

臥游宗子，坐隱王郎。

盜酒畢卓，割肉東方。

李膺破柱，衛瓘撫床。

營軍細柳，校獵長楊。

忠武具奠，德玉居喪。

敖曹雄異，元發疏狂。

寇卻例簿，呂置夾囊。

彥升白簡，元魯青箱。

孔融了了，黃憲汪汪。

僧岩不測，趙壹非常。

沈思好客，顏駟為郎。

申屠松屋，魏野草堂。

龙文鞭影

戴渊西洛，祖逖南塘。

倾城妲己，嫁虏王嫱。

贵妃桃髻，公主梅妆。

吉了思汉，供奉忠唐。

juàn zhī sì
卷之四

bā gēng
八 庚

xiāo shōu tú jí　　kǒng xī pán yīng
萧收图籍，孔惜繁缨。

biàn zhuāng cì hǔ　　lǐ bái qí jīng
卞庄刺虎，李白骑鲸。

wáng róng zhī gǔ　　lǐ mì chén qíng
王戎支骨，李密陈情。

xiàng rú wán bì　　lián pō fù jīng
相如完璧，廉颇负荆。

cóng lóng jiè zǐ　　fēi yàn sū qīng
从龙介子，飞雁苏卿。

zhōng chén hóng hào　　yì shì tián héng
忠臣洪皓，义士田横。

lǐ píng lín jiǎ　　gǒu biàn gān chéng
李平鳞甲，苟变干城。

jǐng wén yǐn zhèn　　máo jiāo fú pēng
景文饮鸩，茅焦伏烹。

许丞耳重，丁掾目盲。

佣书德润，卖卜君平。

马当王勃，牛渚袁宏。

谭天邹衍，稽古桓荣。

岐曾贩饼，平得分羹。

卧床逸少，升座延明。

王勃心织，贾逵舌耕。

悬河郭子，缓颊郦生。

书成凤尾，画点龙睛。

功臣图阁，学士登瀛。

卢携貌丑，卫玠神清。

非熊再世，圆泽三生。

安期东渡，潘岳西征。

志和耽钓，宗仪辍耕。

卫鞅行诈，羊祜推诚。

林宗倾粥，文季争羹。

茂贞苛税，阳城缓征。

北山学士，南郭先生。

文人鹏举，名士道衡。

灌园陈定，为圃苏卿。

融赋沧海，祖咏彭城。

温公万卷，沈约四声。

许询胜具，谢客游情。

不齐宰单，子推相荆。

仲淹复姓，潘阆藏名。

烹茶秀实，漉酒渊明。

善酿白堕，纵饮公荣。

仪狄造酒，德裕调羹。

印屏王氏，前席贾生。

九 青
jiǔ qīng

经传御史，偈赠提刑。
jīng chuán yù shǐ　jì zèng tí xíng

士安正字，次仲谈经。
shì ān zhèng zì　cì zhòng tán jīng

咸遵祖腊，宽识天星。
xián zūn zǔ là　kuān shí tiān xīng

景焕垂戒，班固勒铭。
jǐng huàn chuí jiè　bān gù lè míng

能诗杜甫，嗜酒刘伶。
néng shī dù fǔ　shì jiǔ liú líng

张绰剪蝶，车胤囊萤。
zhāng chuò jiǎn dié　chē yìn náng yíng

鸲鹆学语，鹦鹉诵经。
qú yù xué yǔ　yīng wǔ sòng jīng

十 蒸
shí zhēng

公远玩月，法喜观灯。
gōng yuǎn wán yuè　fǎ xǐ guān dēng

燕投张说，凤集徐陵。
yàn tóu zhāng yuè　fèng jí xú líng

献之书练，夏竦题绫。
xiàn zhī shū liàn　xià sòng tí líng

安石执拗，味道模棱。

韩仇良复，汉纪备存。

存鲁端木，救赵信陵。

邵雍识乱，陵母知兴。

十一尤

琴高赤鲤，李耳青牛。

明皇羯鼓，炀帝龙舟。

羲叔正夏，宋玉悲秋。

才压元白，气吞曹刘。

信擒梦泽，翻徙交州。

曹参辅汉，周勃安刘。

太初日月，季野春秋。

公超成市，长孺为楼。

龙文鞭影

楚邱始壮，田豫乞休。

向长损益，韩愈斗牛。

琎除酿部，玄拜隐侯。

公孙东阁，庞统南州。

袁耽掷帽，仁杰携裘。

子将月旦，安国阳秋。

德舆西掖，庾亮南楼。

梁吟傀儡，庄梦髑髅。

孟称清发，殷号风流。

见讥子敬，犯忌杨修。

荀息累卵，王基载舟。

沙鸥可狎，蕉鹿难求。

黄联池上，杨咏楼头。

曹兵迅速，李使迟留。

孔明流马，田单火牛。

wǔ hóu qí shàn　　jiǔ bì zhēn xiū
五侯奇膳，九婢珍馐。

guāng ān gēng diào　　fāng mù cháo yóu
光安耕钓，方慕巢由。

shì jī mìng jià　　fǎng dài cāo zhōu
适嵇命驾，访戴操舟。

zhuàn tuī shǐ zhòu　　lì shàn zhōng yáo
篆推史籀，隶善钟繇。

shào guā wǔ sè　　lǐ jú qiān tóu
邵瓜五色，李橘千头。

fāng liú yù dài　　lín bǔ jīn ōu
芳留玉带，琳卜金瓯。

sūn yáng shí mǎ　　bǐng jí wèn niú
孙阳识马，丙吉问牛。

gě wàng sū xì　　niè bào yán chóu
盖忘苏隙，聂报严仇。

gōng yì bǎi rěn　　sūn fǎng sì xiū
公艺百忍，孙昉四休。

qián táng yì dǐ　　yàn zi lóu tóu
钱塘驿邸，燕子楼头。

shí èr qīn
十二侵

sū dān jú jǐng　　dǒng fèng xìng lín
苏耽橘井，董奉杏林。

hàn xuān xù lìng　　xià yǔ xī yīn
汉宣续令，夏禹惜阴。

龙文鞭影

蒙恬造笔，太昊制琴。

敬微谢馈，明善辞金。

睢阳嚼齿，金藏披心。

固言柳汁，玄德桑阴。

姜桂敦复，松柏世林。

杜预传癖，刘峻书淫。

钟会窃剑，不疑盗金。

桓伊弄笛，子昂碎琴。

琴张礼意，苏轼文心。

公权隐谏，蕴古详箴。

广平作赋，何逊行吟。

荆山泣玉，梦穴唾金。

孟嘉落帽，宋玉披襟。

沫经三败，获被七擒。

易牙调味，钟子聆音。

令狐冰语，司马琴心。

灭明毁璧，庞蕴投金。

左思三赋，程颐四箴。

十三覃

陶母截发，姜后脱簪。

达摩面壁，弥勒同龛。

龙逄极谏，王衍清谈。

青威漠北，彬下江南。

遐福郭令，上寿童参。

郁愔启箧，殷羡投函。

禹偁敏赡，鲁直沉酣。

师徒布算，姑妇手谈。

shí sì yán
十四盐

fēng yí lǐ kuí　gǔ xiàng lǚ yán
风仪李揆，骨相吕岩。

wèi móu chǐ xǐ　péi dù qiān jiān
魏牟尺縰，裴度千缣。

rú zǐ mó jìng　lín shì zhī lián
孺子磨镜，麟士织帘。

huà xīn táo nàn　shū zǐ bì xián
华歆逃难，叔子避嫌。

dào zhī lǐ shè　lǔ jù zhòng yān
盗知李涉，虏惧仲淹。

wěi shēng qǐ xìn　zhòng zǐ fēi lián
尾生岂信，仲子非廉。

yóu cān lí huò　gé fàn yú yán
由餐藜藿，鬲贩鱼盐。

wǔ hú fàn lǐ　sān jìng táo qián
五湖范蠡，三径陶潜。

xú miǎo tōng jiè　cuī yǎn kuān yán
徐邈通介，崔郾宽严。

yì cāo shǒu jiàn　guī zuì wèi jiān
易操守剑，归罪遗缣。

十五咸
shí wǔ xián

深情子野，神识阮咸。
shēn qíng zǐ yě　　shén shí ruǎn xián

公孙白纻，司马青衫。
gōng sūn bái zhù　　sī mǎ qīng shān

狄梁被谮，杨亿蒙谗。
dí liáng bèi zèn　　yáng yì méng chán

布重一诺，金慎三缄。
bù zhòng yí nuò　　jīn shèn sān jiān

彦升非少，仲举不凡。
yàn shēng fēi shǎo　　zhòng jǔ bù fán

古人万亿，不尽兹函。
gǔ rén wàn yì　　bú jìn zī hán